## PAZARLAMA KARMASI — 4

Anahtar bilgiler — 4
Giriş — 4

## TEORİ — 6

Modelin Hedefleri — 6
Bağlam ve kuramcılar — 6
Modelin bileşenleri — 9

## SINIRLAMALAR VE GENİŞLETMELER — 13

Sınırlamalar ve eleştiriler — 13
İlgili modeller — 14

## PRATİK UYGULAMA — 18

Tavsiyeler ve en iyi ipuçları — 18
Vaka çalışmaları — 23

## ÖZET — 28

## DAHA FAZLA OKUMA — 30

Bibliyografya — 30

# *PAZARLAMA KARMASI*

## ANAHTAR BİLGİLER

- **İsimler:** pazarlama karması, pazarlama karması, pazarlama karması politikası.

- **Kullanım** Alanları: Pazarlama karması, pazarlama kararları için temel bir araçtır.

- **Neden başarılı?** Model, pazarlamacıların karar verme sürecinde kullanabilecekleri tüm araçları özetlemektedir.

- **Anahtar kelimeler:** ürün, fiyat, yer, promosyon, hedef pazar.

## GİRİŞ

### Tarih

'Pazarlama karması' terimi ilk olarak Harvard Business School'da pazarlama ve reklamcılık profesörü olan teorisyen Neil H. Borden (1895-1980) tarafından yazılan 'Pazarlama Karması Kavramı' (1948) başlıklı makalede ortaya çıkmıştır. Kendisi, pazarlama yöneticilerinin rolünü 'bileşenlerin karıştırıcıları' olarak tanımlayan James W. Culliton'ın (1912-2004) araştırmasından esinlendiğini ve bu aşamada endüstriyel pazarlama karmasının on iki unsurundan oluşan bir liste önerdiğini söylemiştir. 1960 yılında Profesör Jerome McCarthy

(1928 doğumlu) Borden'in teorisini geliştirmiş ve *Temel Pazarlama adlı* kitabında 4 Ps (ürün, fiyat, yer ve tutundurma) olarak adlandırılan dört ana noktayı muhafaza etmiştir: *A Managerial Approach adlı kitabında ele almıştır.* Bu yaklaşımın anımsatıcı özelliği başarısına katkıda bulunmuştur ve pazarlamacılar tarafından yaygın olarak kullanılmaktadır. Pazarlama karması ve pazarlamanın 4 P'si genellikle aynı fikri ifade etmek için kullanılır, ancak bunlar gerçekte eşanlamlı değildir. Pazarlama karması, şirketlerin veya markaların bir ürün veya hizmetle bir pazara girme süreci boyunca atmaları gereken adımları ve seçimleri tanımlayan bir kavramdır; 4 Ps modeli ise muhtemelen pazarlama karmasını tanımlamanın en bilinen yoludur.

## Modelin tanımı

Pazarlama karması, etkili eylemler geliştirmek ve bir hedef pazarda satış penetrasyon hedeflerine ulaşmak için pazarlamacıların kullanabileceği tüm araçları içeren bir pazarlama kavramıdır.

# TEORİ

## MODELİN HEDEFLERİ

Pazarlama karması, bir ürün, hizmet veya markanın pazarında başarılı olmasını sağlamak için alınan tüm pazarlama kararlarını ve eylemlerini içerir.

Pazarlama sürecindeki ilk belirleyici adım: pazar analizi. Bu yapıldıktan sonra, 4 Ps modeli pazarlamacılar için iyi bir karar verme aracı olarak kullanılabilir. Aslında, pazarlamacıların odaklanabileceği tüm unsurları kapsamasının yanı sıra, modelin kullanımı kolaydır. Kendine özgü ismi de şüphesiz başarısına katkıda bulunmuştur. Bu sınıflandırma sistemi, hem ders kitaplarında hem de gerçek hayatta pazarlama karması içinde en çok kullanılanlardan biridir.

Daha geniş anlamda, pazarlama karması modeli, mevcut bir pazarlama stratejisini test etmenin yanı sıra pazara yeni bir teklif bağlamında karar vermeye yardımcı olmak için de kullanılabilir.

## BAĞLAM VE KURAMCILAR

Pazarlama karması, tüketimde önemli bir artışın gözlemlendiği bir dönemde ortaya çıkmıştır. Savaş sonrası patlama döneminde (1946-1973 yılları arasında çoğu gelişmiş ülkede yaşanan, İkinci Dünya Savaşı'nın sonu ile ilk petrol krizi arasındaki güçlü ekonomik büyüme dönemi), kitlesel tüketimde bir patlama yaşanmıştır. Bu dönemden önce pazarlama sadece tüketicinin tercihlerini ve davranışlarını anlamak için kullanılıyordu; pazarlama karmasının ortaya çıkmasıyla birlikte belirli bir ürünün pazardaki yerinin genel bir görünümünü elde etmek mümkün oldu. Bu teori, 4 Ps'yi tanımlayan McCarthy'ye atfedilse de, aslında Neil Borden'ın 'Pazarlama Karması Kavramı' adlı kitabında derlediği listeden esinlenmiştir. Profesör ayrıca, pazarlama yöneticilerinin rolünü 'bileşenlerin karıştırıcıları' olarak tanımlayan ortağı James Culliton'un araştırmalarından etkilendiğini de itiraf etmektedir. Daha sonra, modern pazarlamanın babası Philip Kotler (1931 doğumlu) 4 Ps kavramını ele almış ve en ünlü kitabı olan *Pazarlama Yönetimi'nde* (Kevin Deller, Delphine Manceau ve Bernard Dubois ile birlikte) güncellenmiş bir versiyonunu sunmuştur.

Yazarların hepsi pazarlama karması unsurlarının niteliği konusunda hemfikir değildir. Neil Borden "prosedürler"den bahsetmiştir, ancak günümüzde "parametreler", "araçlar" veya "enstrümanlar" terimleri tercih edilmektedir.

Neil Borden'in orijinal listesi, pazarlamacı tarafından dikkate alınması gereken pazarlama karmasının 12 unsurunu içeriyordu:

- ürün

- fiyat

- markalaşma

- dağıtım kanalları

- kişisel satış (yüz yüze)

* reklam

* promosyonlar

* paketleme

* görüntüler

* HİZMET

* fiziksel kullanım

* gerçek bulma ve analiz.

Bu arada McCarthy, bu değişkenleri dört kategori ya da dört eylem kolu olarak gruplandırmayı öneriyor:

* ürün

* fiyat

* yer

* promosyon.

Gerçekte, ister on iki ister dört unsurdan oluşsun, bu listeler bir şirketin satışlarını etkilemek için kullanabileceği tüm araçları içerir. Bununla birlikte, bu teorinin somut bir kanıtı yoktur ve hiçbir durumda karar almada %100 etkinlik sağlamaz. Uygulanan pazarlama stratejisinin kalitesi, pazarlama karması teorisini oluşturan dört unsur arasındaki uygunluk ve tutarlılıkta yatmaktadır. Bu bir anlamda şu şekilde özetlenebilir: doğru ürün, doğru yerde, doğru fiyata, doğru zamanda. Bunu yapmak için şunlar gereklidir:

* Belirli bir grup insanın istediği bir ürün veya hizmet yaratmak;

- bu kişiler tarafından düzenli olarak ziyaret edilen bir yerde satmak;

- müşteri beklentilerine uygun bir fiyatla pazarlamak;

- bu müşteriler istediğinde kullanılabilir hale getirin.

Bu yaklaşım uygundur, ancak müşterilerin ihtiyaçları, beklentileri ve davranışları gibi gerekli tüm verilerin toplanması için gereken önemli iş yükü göz ardı edilmemelidir. Satışları optimize etmek için mal veya hizmetin nasıl üretileceğini, hangi fiyattan ve ne zaman pazarlanması gerektiğini belirlemek hala gereklidir. Bu fikir, hedef pazar hakkında ayrıntılı bilgi sahibi olmayı da gerektirir. Burada pazar analizi devreye girer.

## MODELİN BİLEŞENLERİ

### Ürün politikası

Bir 'ürün', bir pazardaki bir ihtiyacı karşılayan bir tekliftir. Başka bir deyişle, bir ürün, satın alma ve kullanım veya tüketimden sonra arzu veya ihtiyacı karşılamak için pazara sunulan fiziksel bir nesne veya bir hizmet olabilir. Bu nedenle ürün politikası, şirket tarafından sunulan mal veya hizmetlerin özelliklerinin seçimini, diğer bir deyişle doğasını, kalitesini, boyutunu, tasarımını vb. ifade eder. Ayrıca marka, ambalaj, etiket veya ürün yelpazesi ile ilgili kararları da içerebilir.

## Fiyatlandırma politikası

Fiyat, tüketicinin ürünü elde etmek için harcaması gereken para miktarıdır. Fiyatlandırma politikası şu kavramları içerir:

- sabit fiyat, yani mağazalarda sunulan fiyat
- indirimler
- ödeme koşullari
- geri alma koşulları
- kredi koşulları.

Bu, bir ürünün fiyatını sabitleme veya fiyatları bir aralık içinde sabitleme sürecini sorgular. Fiyatlandırma politikası sabit değildir ve promosyonlara ya da ürünün yaşam döngüsüne bağlı olarak değişebilir. Hem üreticiler hem de tüketiciler arasında bir dizi kısıtlama ve değişkeni dikkate almalıdır: maliyet fiyatı, ürün imajı, dağıtım maliyetleri, fiyat esnekliği (yani bir fiyat değişikliğinin tüketici talebi üzerindeki etkisi), rekabet koşulları (tekel, oligopol, rekabet, vb.).

## Dağıtım politikası

'Yer'in P'si dağıtım politikasına karşılık gelmektedir.

İçeriyor:

- dağıtım kanalları
- dağıtım ağları
- çeşitler

* yerler
* kullanılabilirlik
* taşıma
* Lojistik.

Şirketin dağıtım ağını kurma ve sürdürme ve ayrıca ürünü sunmaktan, rafta bulunabilirliğini sağlamaktan, promosyonlar sunmaktan veya müşterilere tavsiyelerde bulunmaktan sorumlu olacak satış noktalarını (kendi mağazaları veya distribütörleri) seçme görevi vardır.

## İletişim politikası

Dördüncü P, 'tanıtım', iletişimi içerir.

İletişim politikası temel olarak şunları içerir:

* reklam
* doğrudan pazarlama veya satış noktalarında pazarlama
* halkla ilişkiler
* sponsorluk.

Paradoksal olarak, bir dereceye kadar fiyatı etkileyebilir (örneğin primler, kuponlar veya sınırlı süreli özel teklifler), ancak bu bir fiyatlandırma politikası değil, bir iletişim eylemi olarak kalır.

## Bu politikaların karşılıklı bağımlılığı

Pazarlama ekibinin bu kararların dağıtım aracıları ve nihai müşteriler düşünülerek alınmasını sağlaması gerekirken, pazarlama müdürü müşterilerin ihtiyaç ve beklentilerini anlamaktan ve bir teklif veya çözüm sunmaktan sorumludur. Müşterileri bilgilendirir ve ürünün algılanan değerine uygun bir fiyat seçer. Daha sonra ürünün dağıtılacağı perakende satış noktalarını belirlemelidir.

Dört politika için, her bir karar hedef tüketiciler ve şirketin benimsemeyi seçtiği konumlandırma göz önünde bulundurularak verilmelidir. Ayrıca, diğer alanlar da göz önünde bulundurulmalıdır, çünkü bu kararlar ayrı ayrı verilirse hiçbir ilgi çekmezler. Aslında pazarlama karmasının gücü, pazarlamacıların kullanabileceği tüm unsurları bir araya getirmesinden gelir.

Fiyat ve ürün arasındaki ilişki çok önemlidir, ancak en önemlisi değildir. Tüm pazarlama karması unsurlarının diğerleri üzerinde etkisi vardır. Örneğin fiyatlandırma, diğer P'ler, yani marka, dağıtım ve iletişim ağı dahil olmak üzere birçok değişkeni dikkate almalıdır. Promosyon ya da dağıtım da satış fiyatını etkileyebilir. 1979 yılında Paul Farris ve David Reibstein, değişkenler arasındaki ilişkileri inceleyerek bunların etkilerini belirlemişlerdir. Böylece, güçlü bir reklam desteğine sahip standart kalitede bir marka, ürünlerinin fiyatını kolayca artırabilir. Dağıtımın da fiyatlandırma politikası üzerinde temel bir etkisi vardır. Örneğin bir şirket, ürünün doğrudan marka tarafından mı yoksa küçük bir bayi veya büyük bir perakendeci olabilecek bir aracı vasıtasıyla mı dağıtılacağını bilmeden fiyatlarını belirleyemez. Bu seçimler, fiyatlandırma politikasının temel değişkenlerinden biri olan dağıtım maliyetleri üzerinde dolaylı bir etkiye sahiptir. Kısacası, değişkenler birbirine bağlıdır.

# SINIRLAMALAR VE GENİŞLETMELER

## SINIRLAMALAR VE ELEŞTİRİLER

Pazarlama karmasının etkin yönetimi, müşterilerin gözünde şirket için değer yaratacaktır. Bu nedenle en gerekli koşul, hedefin bilinmesi ve markanın pazardaki konumunun tanımlanmasıdır. Stratejik planlama, tüm bu verilerin pazarlama karması elemanları ile yönetilmesinden oluşur. Hedef pazarla ilgili bir çalışma yapılmamışsa, bu teorinin ilkelerini kullanarak bir model oluşturmak yeterli değildir.

Modeli eleştirenlerin çoğu pazarlama karmasının kendisinden ziyade 4 P'ye atıfta bulunmaktadır. Pazarlama karması, geniş tanımıyla, şirketlerin pazarlarını hedeflemelerini ve beklenen faydaları elde etmelerini sağlayan 'operasyonel pazarlama araçlarından' oluşur (Kotler ve diğerleri, 2009: 29). Pazarlama karmasının kendisini gerçekten eleştirmek zordur; eleştiriler daha çok ona yaklaşım biçimine yöneliktir.

Ps 4'ü eleştiren yazarlar genellikle bu sınıflandırma sisteminin geliştirilmesi gerektiğini öne sürmektedir. Louis Michel Chevalier ve Pierre Dubois, pazarlama üzerine yazdıkları kitapta, 4 Ps'nin ürün politikası ile iletişim politikası arasında bir bağlantı olan ürün markasını yansıtmadığı fikrini öne sürmüşlerdir. Ancak McCarthy tarafından sunulan ve daha sonra Kotler tarafından devralınan modelde, markanın adı ürün politikasının bir parçasıdır. Michel Chevalier ve Pierre Louis Dubois da pazarlama karmasının 4 Ps'yi aynı anda dikkate alması gerektiğini, ancak ele alınan farklı politikaların neredeyse hiçbir zaman aynı kişi tarafından yönetilmediğini iddia etmektedir. Aslında pazarlama karması modeli bir bütün olarak sunulmakta, bu da tüm kararların tek bir kişi ya da ekip tarafından alındığını düşündürmektedir. Ancak, bileşenleri genellikle şirketin farklı sektörlerine aittir. Dolayısıyla, ürün politikası bir CEO'dan veya inovasyon hizmetlerinden gelebilirken, iletişim politikası iletişim hizmetleri tarafından ele alınır.

Son olarak, pazarlama karmasının karar alma sürecine yardımcı olacak genel bir araç olduğunun farkında olmalıyız. Her bir politikanın ayrıntılarına bakarsanız, uzmanlaşmanız gereken başka, daha spesifik kavramlar olduğunu görürsünüz. Örneğin fiyatlandırma politikası, geri dönüş oranları veya algılanan değer gibi kavramlar hakkında daha fazla bilgi sahibi olmayı gerektirir.

## İLGİLİ MODELLER

### 7 Ps

Bazı yazarlar 4 Ps modelinin eksikliklerini telafi etmek için yeni bileşenlerin eklenmesini önermektedir. Bu modellerden en iyi bilineni Bernard H. Booms ve Mary Jo Bitner'in (1981) McCarthy tarafından tanımlanan 4 Ps'yi tamamlayan ve insan, süreç ve fiziksel kanıtları da ekleyen 7 Ps modelidir.

- 'İnsanlar', 7 Ps'den de anlaşılacağı üzere, şirketin müşterilerini değil, pazarlama stratejilerini uygulayan personeli temsil eder. Onların etkisi önemlidir, çünkü potansiyel müşterilerle temas halindedirler. Şirketin itibarı ve imajı onların elindedir ve onların gözünden görülür. 'İnsanlar', pazarlama karmasında müşterilerin etkileşime geçebileceği az sayıdaki unsurdan biridir.

- 'Süreç', pazarlamacının etkili ve uygun bir müşteri hizmeti sunma şeklini ifade eder. Bu, müşteri hizmetlerini, tavsiyeleri, çalışma saatlerini ve hatta eve teslimatı içerebilir. Marka sadakati oluşturmanın bir yoludur.

- "Fiziksel kanıt", somut ürünler için vitrinler veya raf organizasyonu gibi mağazanın fiziksel bileşenleri anlamına gelir.

Bu üç ek Ps'nin kavramsal katkısını eleştirebiliriz, çünkü temsil ettikleri fikirler McCarthy'nin orijinal 4 Ps'sine dahil edilebilir. 'Süreç' en geniş anlamıyla ürün kavramıyla ilgilidir. 'İnsanlar' esasen ürün ve tanıtımla ilgilidir. 'Fiziksel kanıt' en azından kısmen tanıtımla anlaşılır.

S

Başka Ps'ler de önerilmiştir:

- Philip Kotler, *Principles of Marketing* (1986) adlı kitabında 'siyasi güç' ve 'kamuoyu' kavramlarını eklemeyi önermektedir;

- Claudio Vignali ve B. J. Davies, 'The Marketing Mix Redefined and Mapped: Introducing the MIXMAP Model' (1994) adlı kitaplarında, bu arada 'hizmet' için bir 'S' harfi eklenmesini önermektedirler.

Temel modele eklenen sektörler de genellikle hizmet alanındaki pazarlama karmasının geliştirilmesine olanak tanır. Öğretilere göre bu durum, esas olarak web 2.0 ve pazarlama 2.0 tekniklerinde ortaya çıkan 'konumlandırma', 'paketleme', 'katılım' veya 'kişiselleştirme' için de geçerlidir.

## 4 C

McCarthy'nin modeline yöneltilen temel eleştirilerden biri olan pazarlamacıya alıcı aleyhine önyargılı bakış açısını ele almak üzere 4 P'ye paralel bir model olan 4 C de ortaya çıkmıştır. Robert F. Lauterborn, 4 Ps'den 4 C'yi oluşturmuş ve bu kavramı *New Marketing Litany adlı* kitabında sunmuştur: *Four Ps Passé, C-Words Take Over* (1990) adlı kitabında ortaya koymuştur: üründen çok müşteriye odaklanırlar. Pazarlamanın amacının müşteri ihtiyaçlarını karşılamak olduğu düşünüldüğünde bu model mantıklıdır.

4 C şunlardır:

- Tüketici: ürün politikası tüketiciye sunulan çözüm haline gelir. Müşterilere gerçekten aradıkları şeyi sunmalı ve bunu yapmak için satın alma davranışlarını incelemeliyiz.

- Maliyet: fiyatlandırma politikası tüketiciye olan maliyettir. Gerçekte fiyat, müşterinin ödemeye razı olduğu maliyetin sadece bir parçasıdır. Maliyet, satın alma fiyatının yanı sıra bir ürünün tedarik, kullanım ve terk edilme maliyetini ve ürün aksesuarlarının maliyetini de içerir.

- İletişim: Bu artık daha işbirlikçi olan ve şirket ile potansiyel müşteri arasında diyalog yaratma eğiliminde olan saf iletişimle ilgilidir. Amaç, iletişimin sadece şirketten kaynaklanmaması, aynı zamanda müşterilerle temastan da kaynaklanmasıdır.

- Kolaylık: Pazarlamacı, dağıtım stratejileri oluşturmak yerine, ürünü edinmelerini sağlayacak erişim olanaklarının neler olduğunu anlamak için kendisini müşterinin yerine koyar. İnternetin gelişi ve başarısıyla birlikte bu unsurun dikkate alınması giderek daha önemli hale gelmiştir.

# PRATİK UYGULAMA

## TAVSİYELER VE EN İYİ İPUÇLARI

Pazarlama karması, pazara yeni bir teklif sunarken ya da mevcut bir teklifi test ederken karar verme sürecine yardımcı olabilir. Öncelikle analiz edilecek nesneyi, örneğin bir ürün, hizmet ya da markayı tanımlamamız gerektiğini söylemeye gerek yok.

Pazarlama stratejisini 4 Ps'ye veya ilgili bir modele dayalı olarak oluşturmadan veya analiz etmeden önce şirketin hedef pazarını tanımlaması gerekir. Bunu yapmak için, tüketicilerin beklentilerini daha iyi anlamasını ve kendilerini buna göre konumlandırmasını sağlayacak bir pazar araştırması yapmalıdır.

Ayrıca, pazar bölümlendirmesini (pazarın ihtiyaçlarına, özelliklerine veya davranışlarına göre homojen tüketici gruplarına ayrılması) belirlemek için şirketin iç ve dış analizinin yapılması gerekmektedir.

Şirket daha sonra pazarın bir veya daha fazla segmentini takip eder ve bir pazarlama hedefi seçer (şirket için temsil ettikleri stratejik ilgiye göre seçilen segmentler).

Hedef belirlendikten sonra, konumlandırmasını tanımlayabilir, yani ürününü rakipler arasında yerleştirebilir.

Burada tüketicilerin pazarlama yaklaşımının merkezinde yer aldığına dikkat edin. Bu nedenle, buradaki değişkenler basitçe başka bir açıdan ele alınsa bile, 4 Cs modeli genellikle 4 Ps'ye tercih edilir.

Pazarlama karması stratejisini oluşturmak için şirket, modelin her bir bileşeni için bir dizi soruyu yanıtlamalıdır.

## Ürün/hizmetin niteliklerini belirleyin

İlk adım, ürün veya hizmetin niteliklerini belirlemektir. Bunu yapmak için aşağıdaki soruları sormamız gerekir:

* Tüketici ürün veya hizmetten ne bekliyor?

* Bu beklentileri karşılamak için ürünün gerekli nitelikleri nelerdir?

* Müşteri ürünü nasıl ve hangi bağlamda kullanacak?

* Ürün nasıl görünüyor? Bu soru, ürünün kendisinin yanı sıra ambalajının görünümünü de içerir.

* Ürüne verilmesi gereken isim ve markalama nedir?

* Ürünün rakiplerinden farkı nedir?

* Satışının karlı kalması için maksimum maliyet fiyatı nedir?

Bu ilk aşamada, ürüne ilişkin sorular, fiyatlandırma politikası değerlendirilirken sorulması gereken sorulara benzer.

## Fiyatlandırma politikasını belirleyin

Fiyat, maliyetlere veya ürünün algılanan değerine göre belirlenebilir. Hangi yaklaşım seçilirse seçilsin, aşağıdaki sorulara cevap verebilmelidir:

- Ürünün tüketici için değeri nedir?

- Bu ürünün bir taban fiyatı var mı? Rakiplerine göre nerede konumlanıyor?

- Ürünün fiyat esnekliği fazla mı? Pazar payını artırmak için fiyatlar düşürülebilir mi? Öte yandan, fiyatı yükseltmek daha fazla kâr sağlar mı?

## İletişim araçlarını belirleyin

İletişim söz konusu olduğunda, mesele sadece bir yaklaşım seçmek değildir. Pazarlamacıların kullanabileceği araçlar o kadar çoktur ki, hedef kitle belirlendikten sonra bu kitleye ulaşmanın en iyi yolunu bulmaktan genellikle iletişime ayrılmış özel bir departman sorumludur. Uygun iletişim araçlarını seçmek için bir strateji oluşturmadan önce hedefi ve istenen tepkiyi bilmek çok önemlidir. İletişim harcamalarının büyük kısmı reklama ayrılmıştır. Bu, aşağıdakileri kullanan kampanyaları içerebilir:

- basın (genel veya özel)

- görüntüler

- TV

- Radyo

- sinema

- internet iletişimi.

Unutmayın, satış promosyonu fiyatlandırma politikasıyla bağlantılı olsa bile (numuneler, primler, yarışmalar, kuponlar vb.), yine de bir iletişim politikası eylemidir.

Önceki listeye aşağıdaki gibi başka araçlar da ekleyebiliriz:

- halkla ilişkiler

- doğrudan ve interaktif pazarlama (kişiselleştirme ve etkileşim kullanarak)

- viral pazarlama (genellikle internette uygulanır)

- satış (marka ile müşteri arasında kişiler arası bir alışverişi içerir).

Aşağıdaki soruları sormak da faydalı olacaktır:

- Hedef kitleye ulaşmanın en etkili yolları nelerdir?

- Tanıtıma başlamak için en uygun zaman ne zamandır? Faaliyet gösterdiğim pazar mevsimsel mi?

- Rakipler tarafından hangi iletişim faaliyetleri kullanılıyor? Bunlar eylem seçimini etkiliyor mu?

## Dağıtım alanlarını belirleyin

'Yer' için dağıtım stratejisi, pazarlama karmasının diğer bileşenlerine uygun olarak belirlenmelidir. Önceden seçilen ürün/hizmet konumlandırması, kaçınılmaz olarak dağıtım şekline ilişkin kararı etkiler.

Şirket, dağıtım politikasında bir itme stratejisi (satış gücü ve dağıtım ağına dayalı) veya bir çekme stratejisi (tüketiciyle iletişime ve özellikle reklama dayalı) benimsemeyi seçerse, 'promosyon' ve 'yer' de etkileşime girer.

 ## BİLMEKTE FAYDA VAR: İTME VE ÇEKME STRATEJİLERİ

İtme dağıtım stratejisi, ürünü müşteriye getirmek için tasarlanmıştır. Şirket, müşteriyi ürününü seçmeye teşvik etmek için satış gücünü ve dağıtım politikasını kullanır. Ani satın alma buna iyi bir örnektir.

Öte yandan, çekme stratejisi müşterileri ürüne çekmeyi içerir. Bu stratejide genellikle müşteriyi ürünü istemeye teşvik etmek için iletişim ve reklam kullanılır.

Ürünün kendisi de seçimleri etkileyecektir: bu rutin mi yoksa özel bir satın alma mı? Bir emtia mı yoksa lüks bir ürün mü? Daha önce tanımlanan tüm değişkenler, dağıtım politikasından etkilendikleri için dikkate alınırlar. Örneğin, kendi dağıtım ağınızı geliştirmek fiyat ve iletişimi etkileyecektir. Pazarlamacı yine de bir dizi soruyu yanıtlayabilmelidir:

• Potansiyel müşteriler ürünü satın almak için nereye gidiyor?

• Müşteriler bu ürünü genel bir mağazadan mı, özel bir mağazadan mı, internetten mi yoksa posta yoluyla mı daha kolay satın alacak?

• Seçilen dağıtım sistemi misafirler için kolay erişilebilir mi?

- Bir satış gücünü yönetmek gerekli mi?

- Rakipler ne yapıyor? Model nasıl uyarlanabilir veya farklılaştırılabilir?

## VAKA ÇALIŞMALARI

Bu vaka çalışmasında, McCarthy'nin pazarlama karması stratejisine dayanan iki şirketi sunuyoruz. Alman zincir mağazası Aldi'ye adanmış ilk vaka, *The Times 100, Business Case Studies'ten* alınmıştır ve çok rekabetçi bir sektörde, yenilikçi olması gerekmeyen bir ürünün, pazarlama karmasının diğer unsurlarının etkili bir stratejisi yoluyla nasıl üstün gelebileceğini ve değer yaratabileceğini göstermektedir.

İkinci vaka Alain Afflelou, Stephen Gless ve Dominique *Lichel* arasındaki bir sohbetten (L'*Entreprise*, Ekim 2006) ve Baptise Diebold'un (2006) bir makalesinden alınmıştır. Bu analiz, Afflelou tarafından yaratılan ve pazarlama karmasının her alanında yenilikler getiren güçlü pazarlama stratejisini gün ışığına çıkarmaktadır.

### Aldi – pazarlama karması aracılığıyla değer yaratmak

Aldi, kurulduğu 1913 yılından bu yana kendisini Avrupa'nın en büyük perakendecilerinden biri olarak kabul ettirmeyi başarmıştır. Asıl amacı, müşterilerine düzenli olarak satın aldıkları ürünleri kendi Aldi markaları altında rekabetçi fiyatlarla sunmaktı. Bu şirketin pazarlama stratejisinde, farklı pazarlama karması unsurlarının hepsi aynı hizadadır. İnovasyon ürünle değil, gerçek bir pazarlama karması stratejisi oluşturmak için 4 P'nin yapılandırılma şekliyle yapılır.

Aldi, kendi markası altında satılan çok çeşitli standart kalitede ürünler sunmaya çalışmaktadır. Kurumsal stratejilerinin merkezinde yer alan ilk 'P' 'fiyat'tır. Rakiplerinden daha ucuz ürünler sunabilmek için şirket, politikasını maliyet optimizasyonuna dayandırmakta ve diğer 'P' politikalarını bu hedefe uygun hale getirmektedir.

Ürünler büyük miktarlarda satın alınır ve onları süslemek için çok az para harcanır (ambalaj, marka vb.).

Dağıtım düzeyinde, şirket bir kez daha satış noktalarındaki raf ve teşhirleri sınırlandırarak maliyetleri düşürmeye çalışmaktadır. Mağazalarının konumu açısından dört kriter dikkate alınmaktadır:

- Bölgeyi ziyaret eden veya bölgede yaşayan insan sayısı;

- Düşük rekabet: Aldi genellikle şehir merkezlerinin dışında ve ana yoldan iyi görülebilen yerlerde, çevredeki rekabetin minimum olduğu yerlerde bulunmaktadır;

- toplu taşıma araçları da dahil olmak üzere mağazanın erişilebilirliği;

- Yeterli sayıda park yeri.

Şirketin iletişimi müşteriyi elde tutmaya odaklanmakta ve fiyat ve ürün politikaları mesajını güçlendirmektedir: Aldi ürünleri büyük markaların ürünleriyle aynı kalitede, ancak daha ucuzdur. Bu nedenle, müşterileri geri dönmeye teşvik etmek için mağazalarda promosyon broşürleri dağıtılmaktadır. Medya dışında şirket ayrıca halkla ilişkiler, posta listeleri, sosyal ağların yönetimi ve ürünlerini işletmenin dış kaynağı aracılığıyla öne çıkaran eylemlere de odaklanmaktadır. Bunu yapmak için Aldi birçok yıllık ürün yarışmasına katılmaktadır. Bu yarışmaları kazanmak, görünürlüğünü ve aynı zamanda güvenilirliğini artırmasını sağlar, çünkü üçüncü, tarafsız bir taraf ürünlerini en iyi olarak adlandırmıştır.

Aldi, çok rekabetçi bir pazarda kendisine avantaj sağlayan detaylı bir satış yaklaşımına sahiptir. Pazarlama karması aracılığıyla sağlanan denge, kaliteli ürünleri mümkün olan en düşük fiyatlarla sunmasını sağlamaktadır. İletişim politikası, fiyatlarını vurgularken ürünlerinin imajını geliştirmesini sağlamaktadır. Son olarak, konumlandırma politikası dağıtım maliyetlerini artırmak zorunda olmadığı anlamına gelmektedir. Fiyat, ürün, yer veya promosyonda büyük bir yenilik yapılmamış gibi görünmektedir, ancak bu dört politika arasındaki denge Aldi'nin pazardaki yerini bulmasını sağlamıştır.

## Afflelou – karışımın farklı unsurlarında inovasyona dayalı bir başarı

Alain Afflelou ilk mağazasını 1970 yılında Bordeaux'da açtı. 1984 yılına gelindiğinde zincirin yaklaşık 100 franchise'ı vardı. 2012 yılında markanın Fransa genelinde 722, toplamda ise 1000'den fazla mağazası vardı. Bu başarı, markanın pazarlama karması alanlarının her birinde yenilik yapmayı başarmasından kaynaklanmaktadır.

- Ürün: Afflelou gözlük ve kontakt lens alanında her zaman yenilikler sunmuş, örneğin neredeyse yok edilemez gözlükler geliştirmiştir. Marka, kırk yaşın üzerindeki müşterileri için, yakından görmelerini sağlayan dört gözlükten oluşan 'Forty' paketini piyasaya sürdü. Bu ürünler devrim niteliğinde görünmüyor, ancak marka bunları sunan ilk marka oldu.

- Fiyat: Afflelou, ekstra bir Euro karşılığında ikinci bir çift sunan 'Chin-Chin' promosyonu da dahil olmak üzere uygun fiyatlı gözlükler öneren ilk markaydı. Fiyat-ürün ilişkisi zaten yeterli olabilirdi, ancak tam pazarlama karması stratejisi şirketin gerçekten baskın bir pazar konumuna sahip olmasını sağladı.

- Yer: marka dağıtım alanında da yenilikler yapmıştır. Aslında, kendi dağıtım ağına sahiptir, ancak mağazaları aynı zamanda açık erişimli çerçeve ekranlarına sahip ilk mağazalardır.

- Tanıtım (iletişim): Marka, bütçesinin önemli bir kısmını tanıtımdan sorumlu departmana ayırıyor - ki bu departman sektördeki en büyük departmanlardan biri - ve sponsorluktan yararlanıyor (Fransa Açık tenis turnuvasının ve Paris Saint-Germain futbol kulübünün ortağı).

Afflelou şirketi, pazarlama karmasının her bir unsurunda yenilikçi bir strateji oluştururken, bunlar arasında tutarlılık sağlamıştır.

## Sonuç

Aldi ve Afflelou'nun durumları çok farklıdır. Aldi için stratejinin başarısı dört politika arasındaki uyuma bağlıdır.

Afflelou'da ise başarı, pazarlama karmasının her alanında yenilik yapmaktan geçmektedir. Pazarlama karmasının bir şirkete hedeflerine ulaşması için gerekli araçları sağlamasının ötesinde, bu model pazarlamacıları pazarlama stratejilerini bir bütün olarak düşünmeye de itmektedir.

# ÖZET

- Pazarlama karması, pazarlamacılara tanımlanan pazarla ilgili kararlar almasını sağlayacak bir dizi araç sağlar.

- Amaç: Pazarlama karması, piyasaya yeni bir ürün sürmek veya mevcut bir pazarlama stratejisini test etmek için kullanılır.

- 4 Ps: 1960 yılında McCarthy tarafından önerilen bu model, pazarlama karması araçlarını dört kategoride toplamaktadır: ürün, fiyat, yer (dağıtım) ve tutundurma (iletişim).

- Teorisyenler: Neil Borden pazarlama karması kavramını ortaya atmış (1948) ve McCarthy 4 Ps kavramını geliştirmiştir (1960).

- Bağlam: Pazarlama karması, kitlesel tüketimin yükselişi bağlamında ortaya çıkmıştır.

- Bileşenler: ürün, fiyat, yer, promosyon.

- Avantajları: Pazarlama karması, pazarlamacıların karar vermek için kullanabileceği tüm araçları düzgün bir şekilde özetler.

- Sınırlar: Pazarlama karması, pazarlama stratejisine yönelik kapsamlı bir yaklaşımdır, ancak bir strateji üzerinde derinlemesine çalışırken başka araçların da kullanılması gerekir. Farklı politikalara ilişkin kararlar genellikle birden fazla kişi ya da hizmet tarafından alınmaktadır ve bu da 4 Ps arasındaki tutarlılığı korumayı zorlaştırmaktadır.

- Uzantılar: McCarthy'nin modelindeki dört Ps'yi tamamlamak için genellikle üç Ps (insanlar, süreç ve fiziksel kanıtlar) eklenir. 4 C (tüketici, maliyet, iletişim, kolaylık), kavramın müşteriye daha fazla odaklanan bir başka çeşididir.

- İpucu: 4 Ps ile ilgili kararlar vermeden önce, şirket kendisini konumlandırmak istediği hedef pazarı bildiğinden emin olmalıdır.

# DAHA FAZLA OKUMA

## BİBLİYOGRAFYA

Alain Afflelou'nun web sitesi: http://www.alainafflelou.fr/

Armstrong, G. ve Kotler, P. (2007) *Principes de marketing.* [8. baskı]. Paris: Pearson Education.

Booms, B. H. ve Bitner, M. J. (1981) Hizmet Firmaları için Pazarlama Stratejileri ve Organizasyon Yapısı. Donnelly, J. ve George, W. R. *Marketing of Services* içinde. Chicago: Amerikan Pazarlama Derneği. pp. 47-51.

Borden, N. H. (1964) Pazarlama karması kavramı. *Reklam Araştırmaları Dergisi.*

Ticari Vaka Çalışmaları. (Tarih yok) Pazarlama karması yoluyla değer yaratmak, bir Aldi vaka çalışması. *The Times 100 Vaka Çalışmaları.* [Çevrimiçi]. [Erişim tarihi: 22 Mayıs 2014]. Erişim adresi: < http://businesscasestudies.co.uk/aldi/creating-value-through-the-marketing-mix/introduction.html#axzz4S2tz9DPH>

Byrne, K. (2004) Pazarlama karmanızı yönetmek. *Chartered Accountants Journal.*

Chevalier, M. ve Dubois, P. L. (2009) *Les 100 mots du marketing.* Paris: PUF.

Demos. (2012) *Le marketing mix ou mix marketing, de la stratégie à l'opérationnel.* Paris: Demos.

Diebold, B. (2006) Afflelou entrevoit la vie sans Alain. *Challenges.* Cilt 29.

Faris, P. ve Reibstein, D. (1979) How Prices, Expenditures and Profits are Linked. *Harvard Business Review*. [Kasım/Aralık sayısı]. s. 173-184.

Kotler, P. (1986) *Pazarlama İlkeleri*. [3. baskı]. Upper Saddle River (New Jersey): Prentice Hall.

Kotler, P., Keller, K., Manceau, D. ve Dubois, B. (2009) *Pazarlama Yönetimi*. [13. baskı]. Paris: Pearson Education.

Lauterborn, R. F. (1990) Yeni Pazarlama Litanyası: Four Ps Passé, C-Words Take Over. *Advertisng Age*. 61(41).

Magrath, A. J. (1986) Hizmetleri Pazarlarken 4P Yeterli Değildir. *Business Horizons*. 29(3), s. 45-50.

Maillet, T. (2010) *Le Marketing et son histoire ou le Mythe de Sisyphe réinventé*. Paris: Pocket.

McCarthy, J. E. (1960) *Basic Marketing : A Managerial Approach*. Homewood (Illinois): R.D. Irwin.

Pariot, Y. (2011) *Les Outils du marketing stratégique et opérationnel*. [2. baskı]. Paris: Eyrolles.

Van den Bulte, C. ve van Waterschoot, W. (1992) The 4 P Classification of the Marketing Mix Revisited. *Journal of Marketing*. s. 83-93.

Sizden haber almak istiyoruz!
Çevrimiçi kütüphaneniz hakkında yorum bırakın
ve favori kitaplarınızı sosyal medyada paylaşın!

Yayıncı, yayınlanan bilgilerin güvenilirliğini garanti eder,
ancak sorumluluğunu üstlenemez.

Ana ISBN: 9782808600606
Kağıt ISBN: 9782808602051
Yasal depozito: D/2022/12603/206

Dijital tasarım: Primento,
yayıncıların dijital ortağı.

## PAZARLAMA KARMASI

Pazarlama karmasının (4 Ps olarak da bilinir) özünü bu pratik ve özlü kitapla sadece 50 dakikada anlayın. Pazarlama karması, pazarlamacıların etkili pazarlama stratejileri geliştirmek ve hedef pazarda amaçlarına ulaşmak için kullanabilecekleri araçları kapsar. Böylece, ürün, fiyat, yer ve promosyondan oluşan dört temel faktör sayesinde pazarlamacılar belirli bir mal, hizmet veya markanın başarısını sağlamak için daha akıllıca kararlar alabilirler.

# DE BALANCED SCORECARD

## Maak van uw gegevens een routekaart naar succes

# DE BALANCED SCORECARD

Maak van uw gegevens een routekaart naar succes

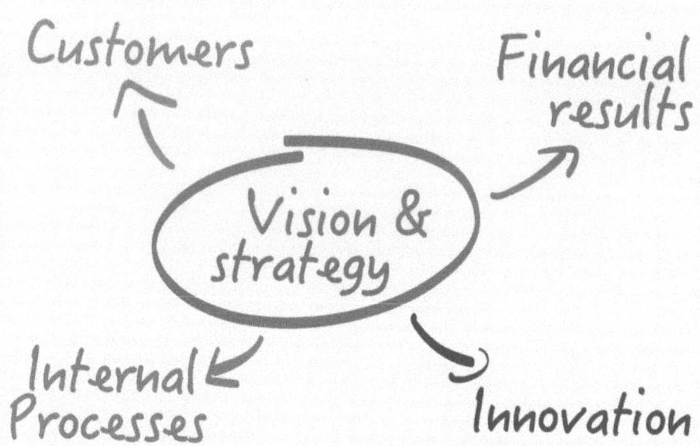


50MINUTES.com

# DE BALANCED SCORECARD

Maak van uw gegevens een routekaart naar succes

geschreven door Alice Sanna
vertaald door Nikki Claes